Impressum
Verlag: BABADADA GmbH, Nedderfeld 112 , 22529 Hamburg
Geschäftsführer / Verlagsleitung: Harald Hof
Druck: Books on Demand GmbH, In de Tarpen 42, 22848 Norderstedt

Imprint
Publisher: BABADADA GmbH, Nedderfeld 112 , 22529 Hamburg, Germany
Managing Director / Publishing direction: Harald Hof
Print: Books on Demand GmbH, In de Tarpen 42, 22848 Norderstedt

el colegio

escola

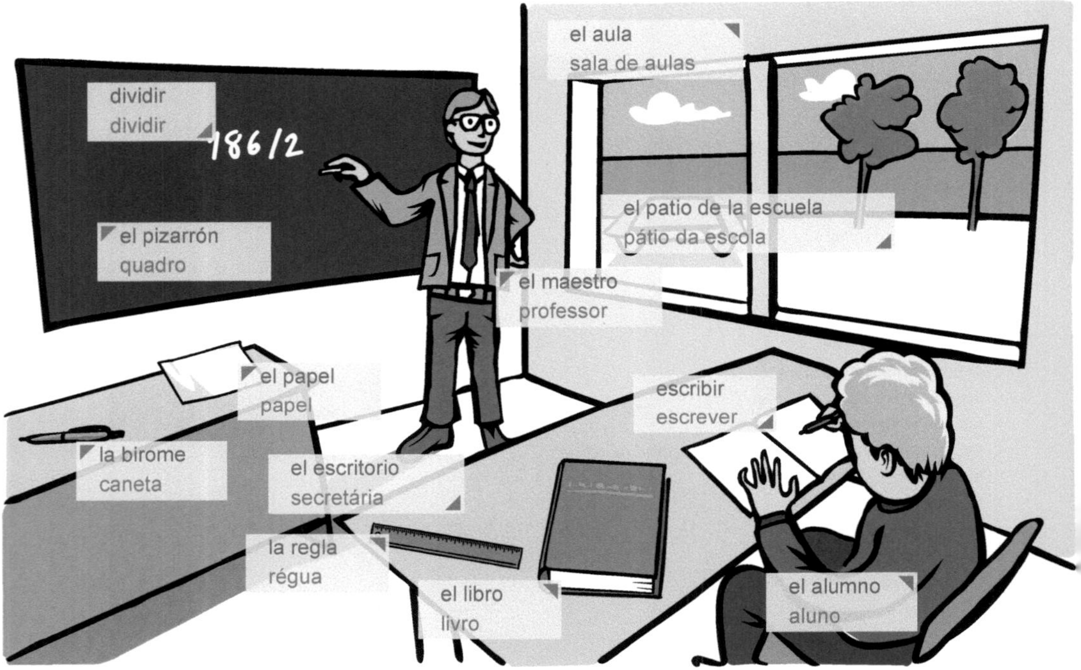

el aula
sala de aulas
dividir
dividir
186/2
el pizarrón
quadro
el patio de la escuela
pátio da escola
el maestro
professor
el papel
papel
escribir
escrever
la birome
caneta
el escritorio
secretária
la regla
régua
el libro
livro
el alumno
aluno

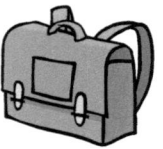

la mochila

mochila

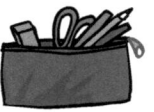

la caja de lápices

estojo de lápis

el lápiz

lápis

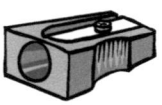

el sacapuntas

afia-lápis

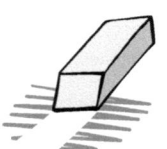

la goma (de borrar)

borracha

el bloc de dibujo

bloco de desenho

el dibujo
desenho

el pincel
pincel

la caja de pinturas
caixa de tintas

la tijera
tesoura

el pegamento
cola

el cuaderno de ejercicios
livro de exercícios

la tarea
trabalhos de casa

el número
número

sumar
somar

restar
subtrair

multiplicar
multiplicar

calcular
calcular

la letra
letra

el abecedario
alfabeto

la palabra
palavra

el texto

texto

leer

ler

la tiza

giz

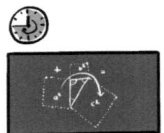

la lección

hora

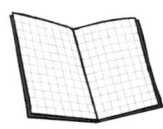

el cuaderno de clase

registo de presenças

el examen

exame

el certificado

certificado

el uniforme escolar

uniforme escolar

la educación

educação

la enciclopedia

enciclopédia

la universidad

universidade

el microscopio

microscópio

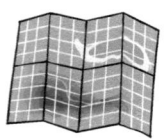

el mapa

mapa

el tacho (de basura)

cesto de lixo

el viaje
viagem

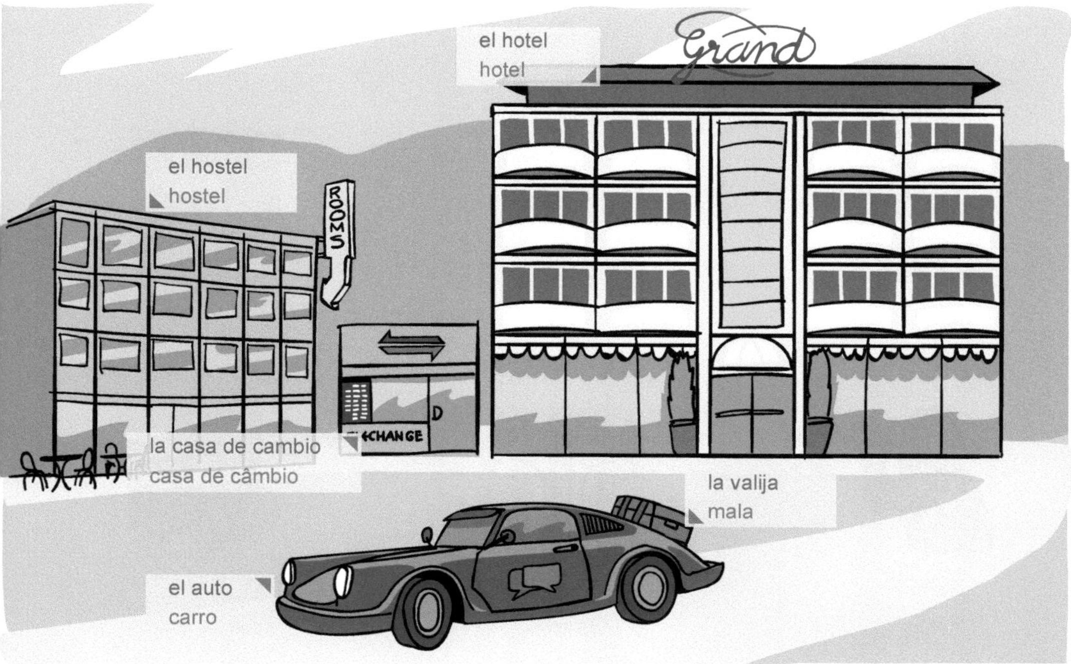
el hotel
hotel
Grand
el hostel
hostel
ROOMS
la casa de cambio
casa de câmbio
la valija
mala
el auto
carro

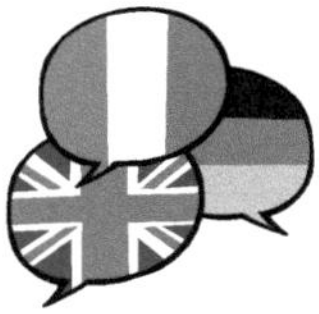

el idioma

idioma

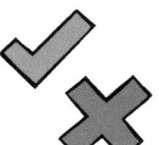

sí / no

sim / não

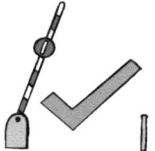

Está bien

ok / certo / correto

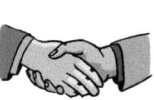

hola

olá

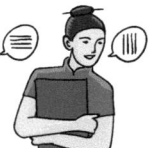

el traductor

intérprete

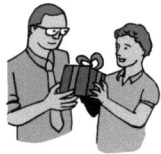

Gracias

obrigado

¿cuánto cuesta…?

quanto é que custa… ?

No entiendo

não entendo

el problema

problema

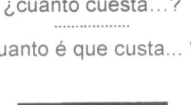

¡Buenas tardes!

boa noite!

¡Buenos días!

Bom dia!

¡Buenas noches!

Boa noite!

el adiós

adeus

la dirección

direção

el equipaje

bagagem

el bolso

saco

la mochila

mochila

el invitado

convidado

la habitación

quarto

la bolsa de dormir

saco-cama

la carpa

tenda

la información turística

informação turística

la playa

praia

la tarjeta de crédito

cartão de crédito

el desayuno

pequeno-almoço

el almuerzo

almoço

la cena

jantar

el pasaje

bilhete

el ascensor

elevador

el sello

selo postal

la frontera

fronteira

la aduana

alfândega

la embajada

embaixada

la visa

visto

el pasaporte

passaporte

el transporte
transporte

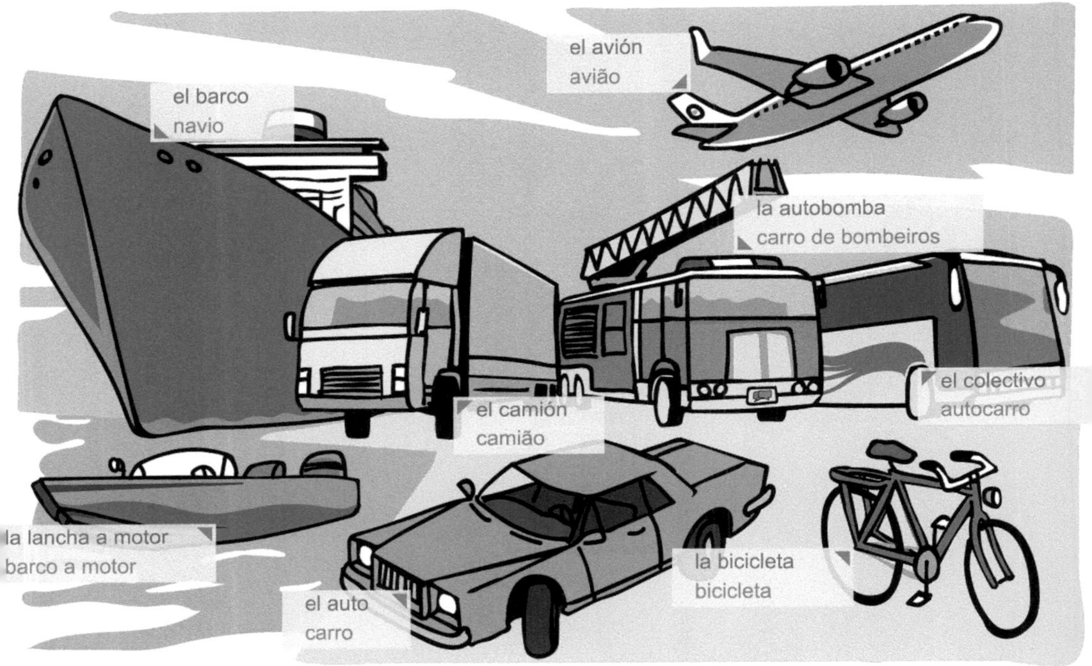
el avión
avião
el barco
navio
la autobomba
carro de bombeiros
el colectivo
autocarro
el camión
camião
la lancha a motor
barco a motor
la bicicleta
bicicleta
el auto
carro

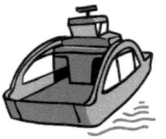

el ferry

cacilheiro

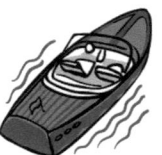

el bote

barco

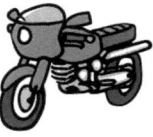

la moto

mota

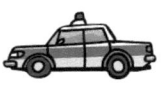

el patrullero

carro de polícia

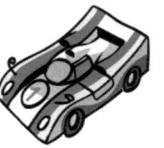

el auto de carreras

carro de corrida

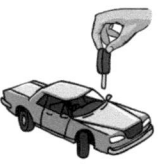

el auto de alquiler

carro alugado

el alquiler de autos

carsharing

la grúa

camião de reboque

el camión de la basura

camião do lixo

el motor

motor

la nafta

combustível

la estación de servicio

estação de serviço

la señal de tránsito

sinal de trânsito

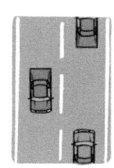

el tránsito

trânsito

el embotellamiento

congestionamento de trânsito

el estacionamiento

parque de estacionamento

la estación de tren

estação ferroviária

las vías

carris

el tren

comboio

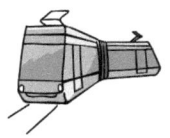

el tranvía

elétrico

el vagón

carruagem

el helicóptero

helicóptero

el aeropuerto

aeroporto

la torre

torre

el pasajero

passageiro

el contenedor

contentor

la caja de cartón

caixa de papelão

la carretilla

carrinho

la canasta

cesto

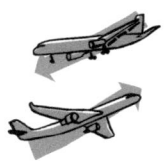

despegar / aterrizar

levantar voo / aterrar

la ciudad

cidade

el pueblo

aldeia

el centro de la ciudad

centro da cidade

la casa

casa

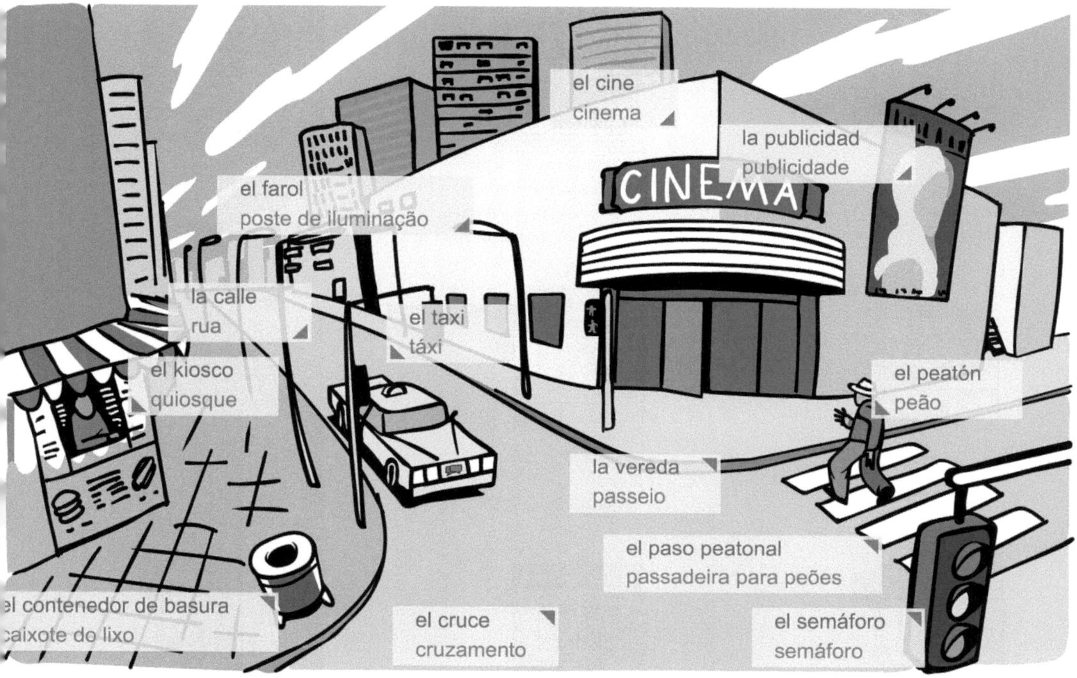

el cine / cinema

la publicidad / publicidade

el farol / poste de iluminação

la calle / rua

el taxi / táxi

el kiosco / quiosque

el peatón / peão

la vereda / passeio

el paso peatonal / passadeira para peões

el contenedor de basura / caixote do lixo

el cruce / cruzamento

el semáforo / semáforo

la cabaña
cabana

el departamento
apartamento

la estación de tren
estação ferroviária

la municipalidad
câmara municipal

el museo
museu

el colegio
escola

la universidad

universidade

el banco

banco

el hospital

hospital

el hotel

hotel

la farmacia

farmácia

la oficina

escritório

la librería

livraria

el negocio

loja

la florería

florista

el supermercado

supermercado

el mercado

mercado

las grandes tiendas

loja de departamentos

la pescadería

peixaria

el centro comercial

centro comercial

el puerto

porto

la ciudad - cidade

el parque

parque

el banco

banco

el puente

ponte

las escaleras

escadas

el subte

metro

el túnel

túnel

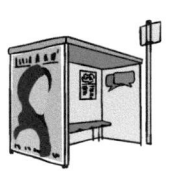

la parada del colectivo

paragem de autocarro

el bar

bar

el restaurante

restaurante

el buzón

caixa de correio

el letrero

sinal de trânsito

el parquímetro

parquímetro

el zoológico

jardim zoológico

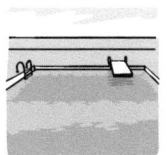

la pileta

piscina

la mezquita

mesquita

la granja
quinta

la contaminación
poluição

el cementerio
cemitério

la iglesia
igreja

los juegos infantiles
parque infantil

el templo
templo

el paisaje
paisagem

la hoja
folha

el poste indicador
placa de sinalização

el camino
caminho

la pradera
prado

la piedra
pedra

el excursionista
caminhantes

el árbol
árvore

el río
rio

la hierba
relva

la flor
flor

el valle

vale

la montaña

montanha

el lago

lago

el bosque

floresta

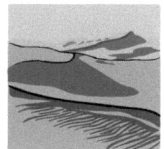

el desierto

deserto

el volcán

vulcão

el castillo

castelo

el arco iris

arco-íris

el champiñón

cogumelo

la palmera

palma

el mosquito

mosquito

la mosca

mosca

la hormiga

formiga

la abeja

abelha

la araña

aranha

el escarabajo

besouro

la rana

sapo

la ardilla

esquilo

el erizo

ouriço

la liebre

lebre

la lechuza

coruja

el pájaro

pássaro

el cisne

cisne

el jabalí

javali

el ciervo

veado

el alce

alce

la presa

barragem

el aerogenerador

turbina eólica

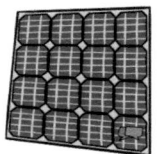

el panel solar

painel solar

el clima

clima

el restaurante
restaurante

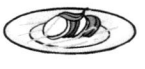

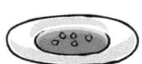

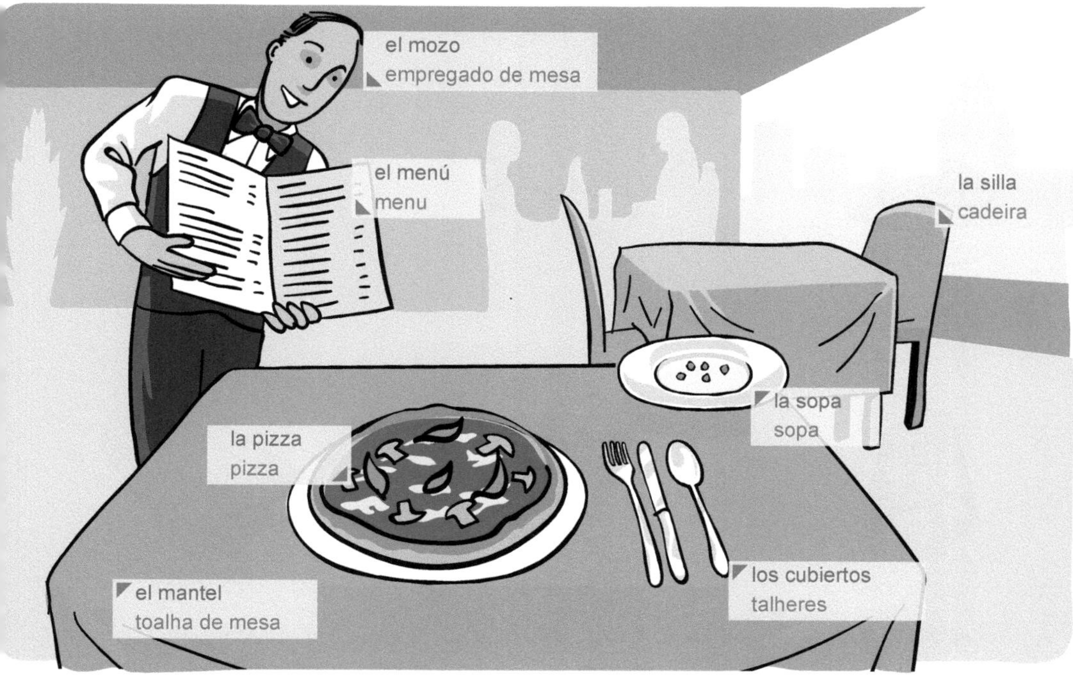
el mozo
empregado de mesa
el menú
menu
la silla
cadeira
la sopa
sopa
la pizza
pizza
el mantel
toalha de mesa
los cubiertos
talheres

la entrada

entrada

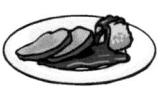

el plato principal

prato principal

el postre

sobremesa

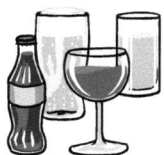

las bebidas

bebidas

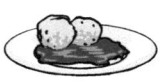

la comida

comida

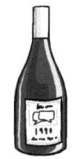

la botella

garrafa

la comida rápida

fast food

la comida callejera

comida de rua

la tetera

bule de chá

la azucarera

açucareiro

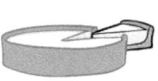

la porción

porção

la cafetera expreso

máquina de café expresso

la sillita alta

cadeira alta

la cuenta

conta

la bandeja

bandeja

el cuchillo

faca

el tenedor

garfo

la cuchara

colher

la cucharita

colher de chá

la servilleta

guardanapo

el vaso

copo

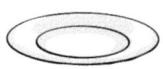

el plato

prato

el plato hondo

prato de sopa

el plato

pires

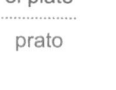

la salsa

molho

el salero

saleiro

el molinillo de pimienta

moinho de pimenta

el vinagre

vinagre

el aceite

óleo

las especias

especiarias

el kétchup

ketchup

la mostaza

mostarda

la mayonesa

maionese

el supermercado

supermercado

la oferta especial
oferta especial
FOR
el cliente
cliente
los lácteos
laticínios
la fruta
fruta
el changuito
carrinho de compras

BUTCHERS

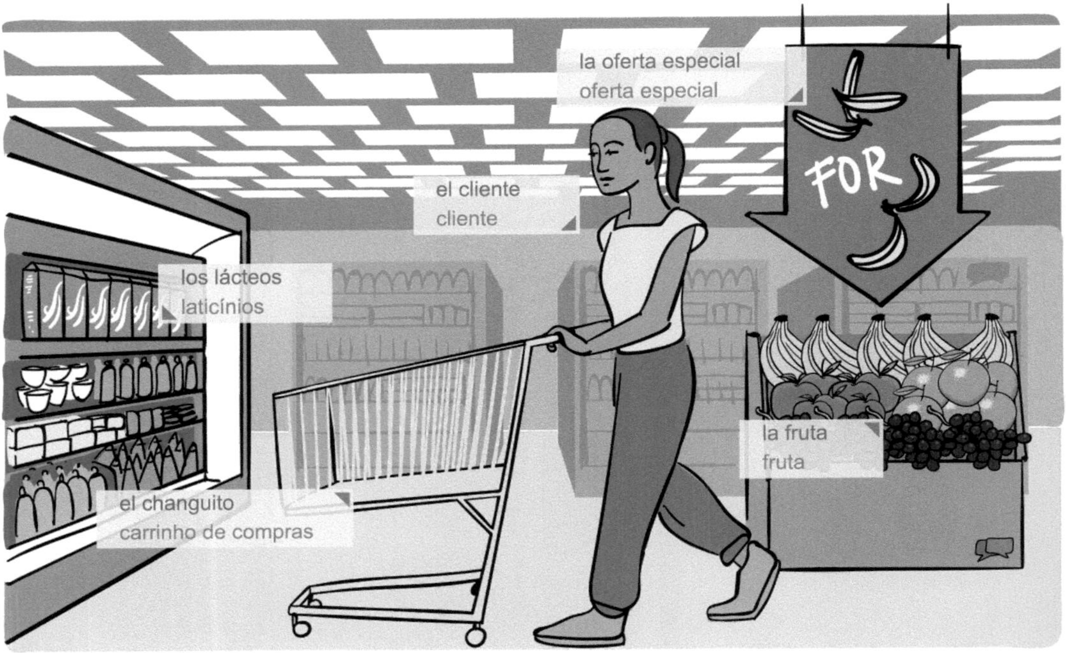

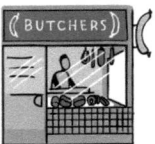

la carnicería

talho

BAKERY

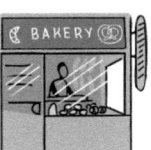

la panadería

padaria

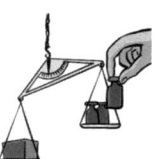

pesar

pesar

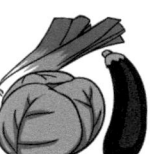

las verduras

vegetais

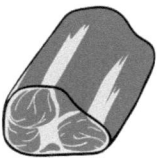

la carne

carne

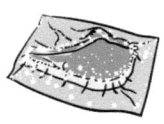

los alimentos congelados

alimentos congelados

los fiambres

charcutaria

los alimentos enlatados

comida enlatada

el detergente en polvo

detergente em pó

las golosinas

doces

los electrodomésticos

artigos domésticos

los productos de limpieza

produtos de limpeza

la vendedora

vendedora

la caja

caixa

el cajero

caixa

la lista de compras

lista de compras

el horario de atención

horário de funcionamento

la billetera

carteira

la tarjeta de crédito

cartão de crédito

la cartera

saco

la bolsa de plástico

saco de plástico

bebidas

el agua

água

el jugo

sumo

la leche

leite

la bebida cola

coca-cola

el vino

vinho

la cerveza

cerveja

el alcohol

álcool

el cacao

cacau

el té

chá

el café

café

el café expreso

café expresso

el cappuccino

capuccino

la banana

banana

la manzana

maçã

la naranja

laranja

el melón

melão

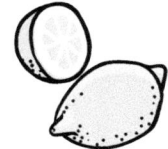

el limón

limão

la zanahoria

cenoura

el ajo

alho

el bambú

bambu

la cebolla

cebola

el champiñón

cogumelo

las nueces

nozes

los fideos

talharim

los tallarines

esparguete

el arroz

arroz

la ensalada

salada

las papas fritas

batatas fritas

las papas fritas

batatas fritas

la pizza

pizza

la hamburguesa

hambúrguer

el sándwich

sanduíche

el churrasco

bife panado

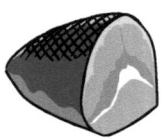

el jamón

fiambre

el salame

salame

la salchicha

salsicha

el pollo

galinha

el asado

assado

el pescado

peixe

los copos de avena

flocos de aveia

el muesli

muesli

los copos de maíz

flocos de milho

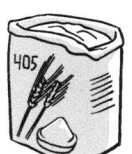

la harina

farinha

la medialuna

croissant

el pancito

carcaça (pãozinho)

el pan

pão

la tostada

torrada

las galletitas

biscoitos

la manteca

manteiga

la cuajada

requeijão

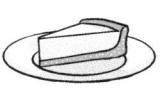

la torta

bolo

el huevo

ovo

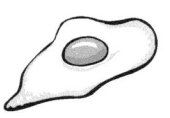

el huevo frito

ovo estrelado

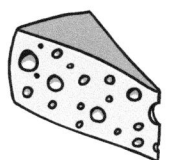

el queso

queijo

el helado

gelado

el azúcar

açúcar

la miel

mel

la mermelada

compota

la pasta de chocolate

creme de nougat

el curry

caril

la granja
quinta

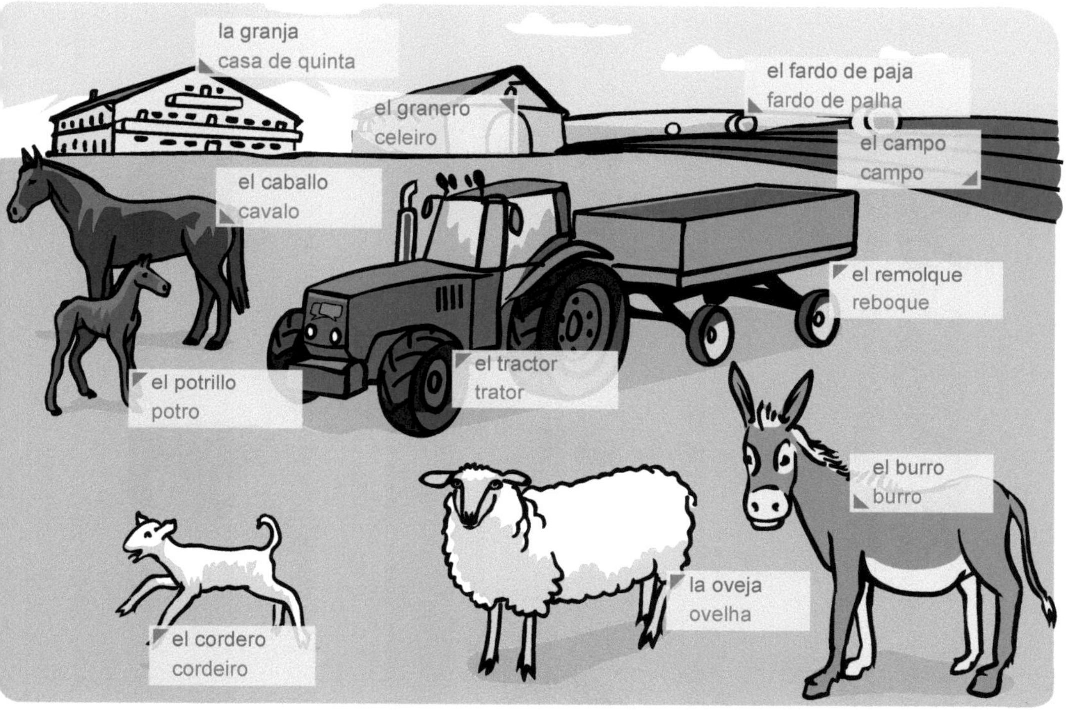

la granja
casa de quinta
el fardo de paja
fardo de palha
el granero
celeiro
el campo
campo
el caballo
cavalo
el remolque
reboque
el tractor
trator
el potrillo
potro
el burro
burro
la oveja
ovelha
el cordero
cordeiro

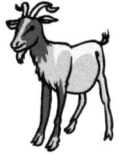

la cabra

cabra

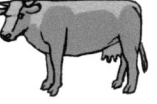

la vaca

vaca

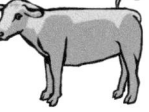

el ternero

bezerro

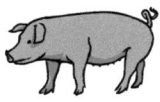

el cerdo

porco

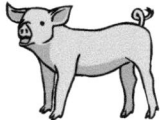

el lechón

leitão

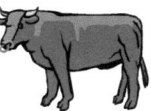

el toro

touro

el ganso

ganso

el pato

pato

el pollo

pintaínho

la gallina

galinha

el gallo

galo

la rata

ratazana

el gato

gato

el ratón

rato

el buey

boi

el perro

cão

la cucha

casota

la manguera

mangueira de jardim

la regadera

regador

la guadaña

foice

el arado

arado

la hoz
foice

la azada
enxada

la horquilla
forquilha

el hacha
machado

la carretilla
carrinho de mão

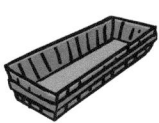

el abrevadero
manjedoura

la lechera
jarro de leite

la bolsa
saco

la reja
cerca

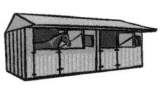

el establo
estábulo

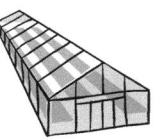

el invernadero
estufa

el suelo
solo

la semilla
semente

el fertilizador
fertilizante

la cosechadora
ceifeira-debulhadora

cosechar

colher

la cosecha

colheita

las batatas

inhame

el trigo

trigo

la soja

soja

la papa

batata

el maíz

milho

la semilla de colza

colza

el árbol frutal

árvore de fruto

la mandioca

mandioca

los cereales

cereais

la casa
casa

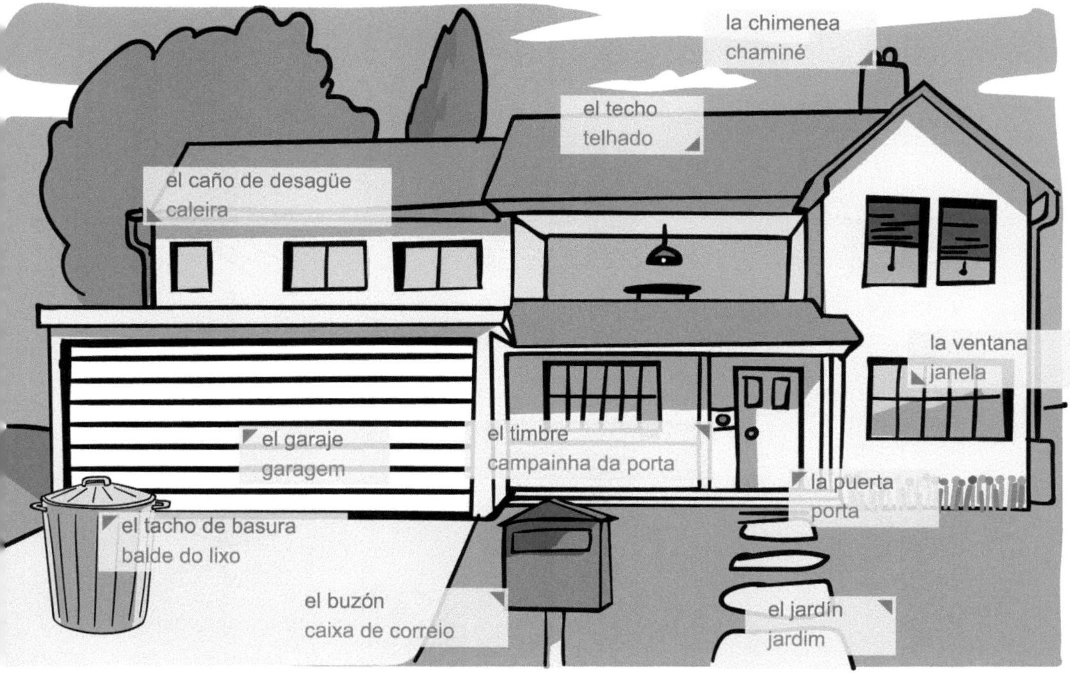

la chimenea
chaminé
el techo
telhado
el caño de desagüe
caleira
la ventana
janela
el garaje
garagem
el timbre
campainha da porta
la puerta
porta
el tacho de basura
balde do lixo
el buzón
caixa de correio
el jardín
jardim

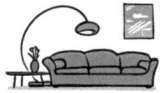

el living

sala de estar

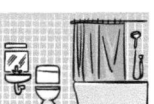

el baño

casa de banho

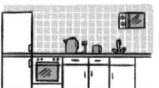

la cocina

cozinha

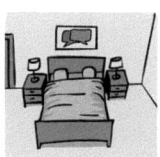

el dormitorio

quarto de dormir

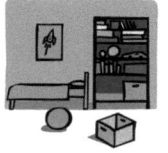

el cuarto de los chicos

quarto de criança

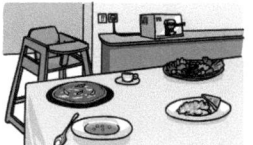

el comedor

sala de jantar

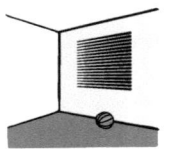

el piso

chão

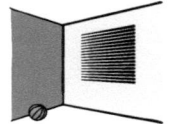

la pared

parede

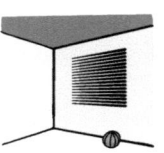

el cielorraso

teto

el sótano

cave

el sauna

sauna

el balcón

varanda

la terraza

terraço

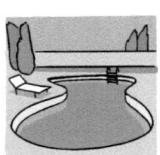

la pileta

piscina

la cortadora de pasto

máquina de cortar relvado

la sábana

lençol

el acolchado

cobertor

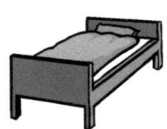

la cama

cama

la escoba

vassoura

el balde

balde

el interruptor

interruptor

el living
sala de estar

el empapelado
papel de parede
la imagen
imagem
la lámpara
lâmpada
el estante
prateleira
el armario
armário
la televisión
televisão
la chimenea
lareira
la flor
flor
el almohadón
almofada
el sofá
sofá
el florero
vaso
el control remoto
controlo remoto

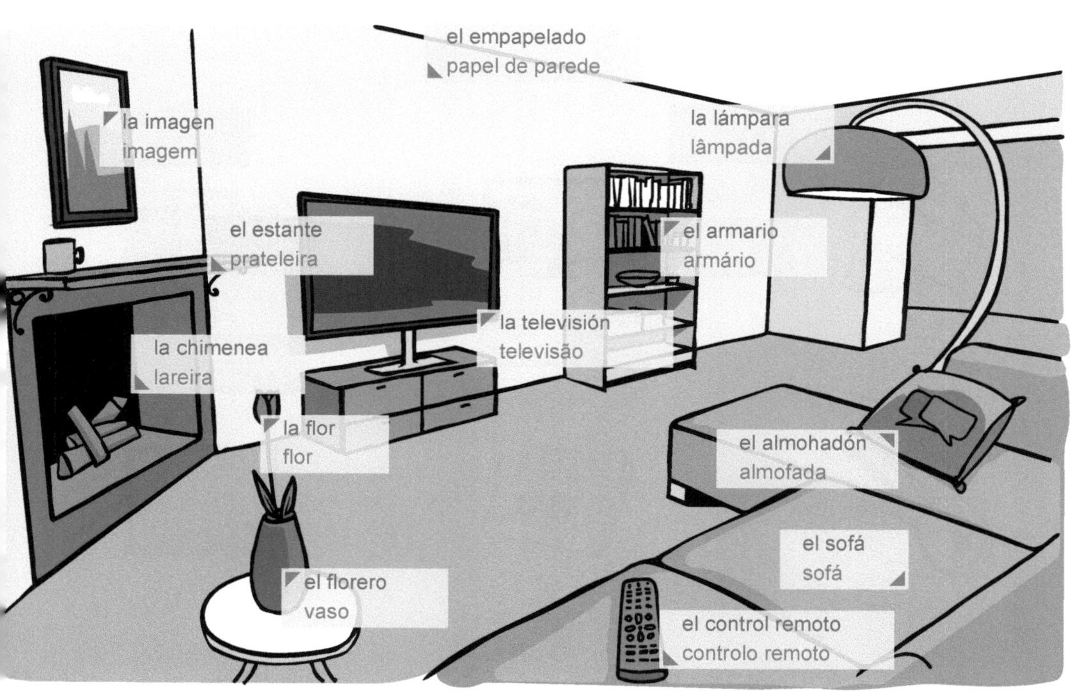

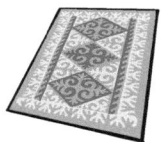

la alfombra
tapete

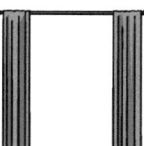

la cortina
cortina

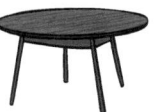

la mesa
mesa

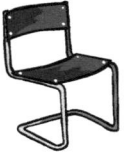

la silla
cadeira

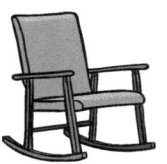

la mecedora
cadeira de baloiço

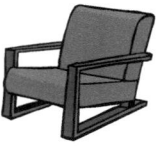

el sillón
poltrona

el libro

livro

la frazada

cobertor

la decoración

decoração

la leña

lenha

la película

filme

el equipo de música

sistema estéreo

la llave

chave

el diario

jornal

la pintura

pintura

el póster

póster

la radio

rádio

el cuaderno

bloco de notas

la aspiradora

aspirador

el cactus

cato

la vela

vela

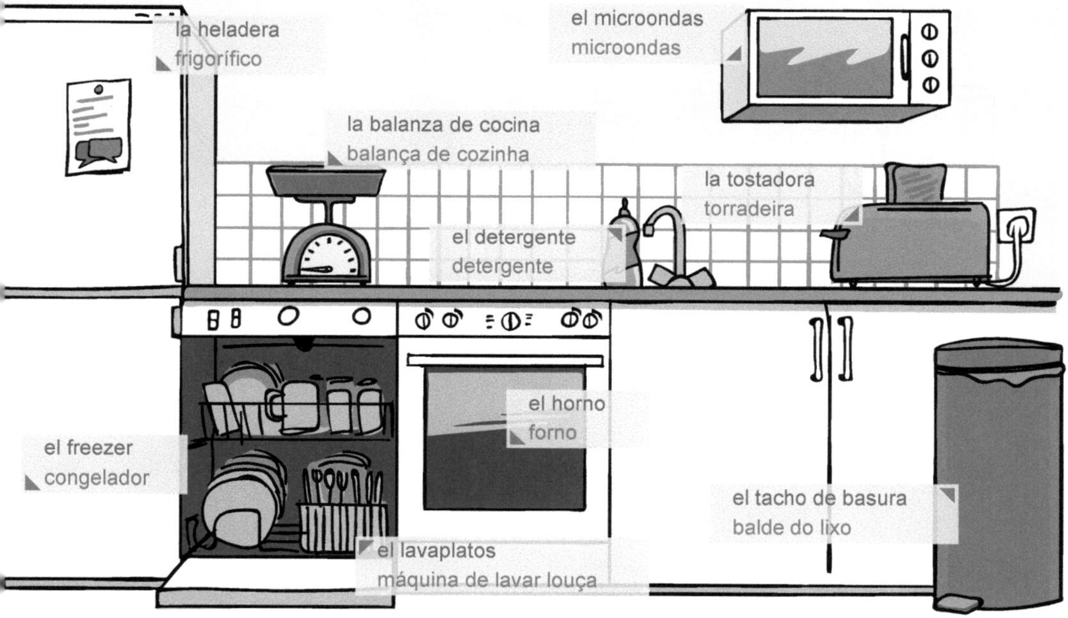

la heladera
frigorífico

el microondas
microondas

la balanza de cocina
balança de cozinha

la tostadora
torradeira

el detergente
detergente

el freezer
congelador

el horno
forno

el tacho de basura
balde do lixo

el lavaplatos
máquina de lavar louça

la cocina

fogão

la olla

panela

la olla de hierro fundido

panela de ferro

el wok

wok / kadai

la sartén

frigideira

la pava

chaleira

la vaporera

panela a vapor

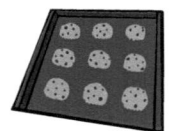

la bandeja de horno

tabuleiro de forno

la vajilla

louça

la taza

caneca

el bol

tigela

los palitos

pauzinhos

el cucharón

concha de sopa

la espátula

espátula

la batidora

batedor de claras

el colador

escorredor

el colador

peneira

el rallador

ralador

el mortero

almofariz

la parrilla

churrasqueira

la fogata

lareira

la tabla de picar

tábua de cortar

el palo de amasar

rolo da massa

el sacacorchos

saca-rolhas

la lata

lata

el abrelatas

abridor de latas

la manopla

luvas de forno

la pileta

lava-loiça

el cepillo

escova

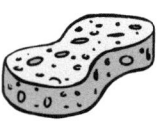

la esponja

esponja

la batidora

liquidificador

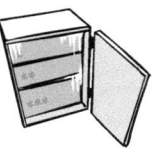

el congelador

arca frigorífica

la mamadera

biberão

la canilla

torneira

el baño
casa de banho

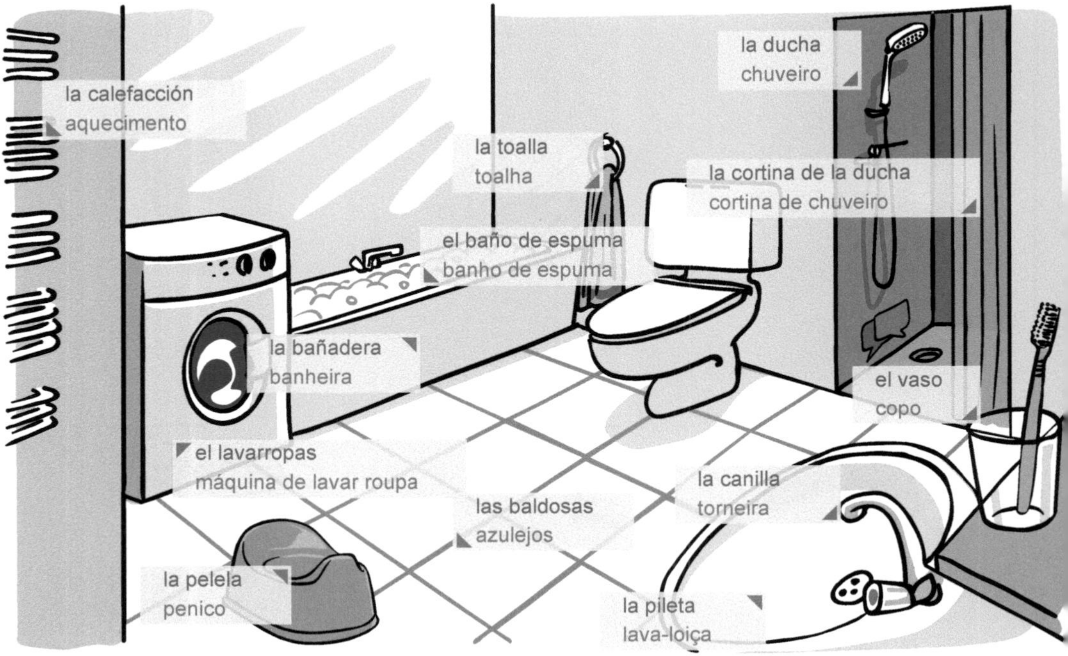
la calefacción
aquecimento
la ducha
chuveiro
la toalla
toalha
la cortina de la ducha
cortina de chuveiro
el baño de espuma
banho de espuma
la bañadera
banheira
el vaso
copo
el lavarropas
máquina de lavar roupa
la canilla
torneira
las baldosas
azulejos
la pelela
penico
la pileta
lava-loiça

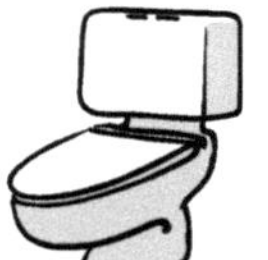

el inodoro

sanita

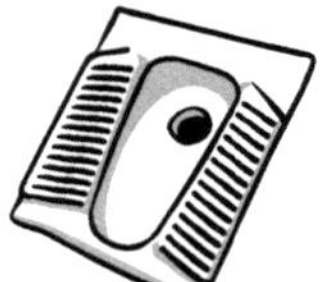

la letrina

retrete turca

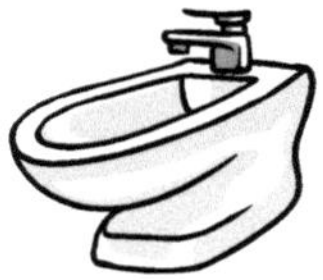

el bidé

bidé

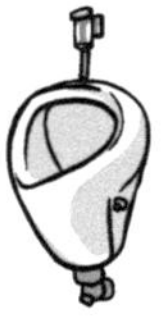

el mingitorio

urinol

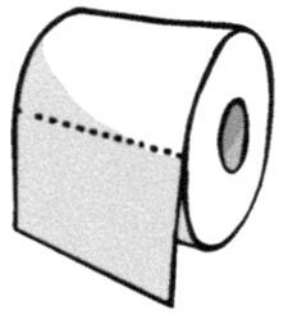

el papel higiénico

papel higiénico

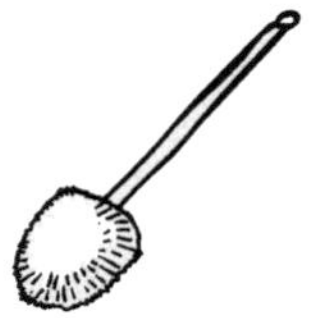

el cepillo para el inodoro

piaçaba

el cepillo de dientes

escova de dentes

el dentífrico

pasta de dentes

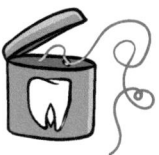

el hilo dental

fio dentário

lavar

lavar

la ducha de mano

chuveiro de mão

la ducha higiénica

duche íntimo

la palangana

bacia

el cepillo para la espalda

escova para as costas

el jabón

sabonete

el gel de ducha

gel de banho

el shampoo

champô

la toallita

toalha de rosto

el desagüe

escoamento

la crema

creme

el desodorante

desodorizante

el baño - casa de banho

el espejo

espelho

el espejito

espelho de mão

la maquinita de afeitar

máquina de barbear

la espuma de afeitar

creme de barbear

el aftershave

loção pós-barba

el peine

pente

el cepillo

escova

el secador de pelo

secador de cabelo

el spray

spray de cabelo

el maquillaje

maquilhagem

el lápiz de labios

batom

el esmalte para uñas

verniz de unhas

el algodón

algodão

la tijera para uñas

tesoura para unhas

el perfume

perfume

el portacosméticos

nécessaire

la banqueta

tamborete

la balanza

balança

la bata

roupão de banho

los guantes de goma

luvas de borracha

el tampón

tampão

la toallita femenina

penso higiénico

el baño químico

WC químico

el cuarto de los chicos
quarto de criança

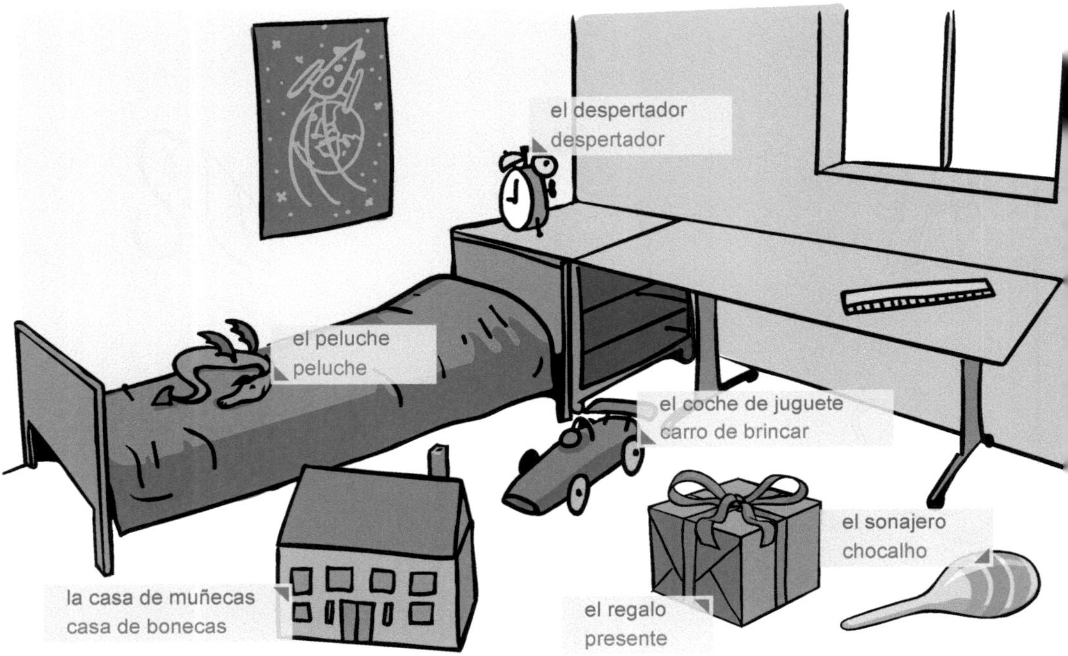

el despertador
despertador
el peluche
peluche
el coche de juguete
carro de brincar
el sonajero
chocalho
la casa de muñecas
casa de bonecas
el regalo
presente

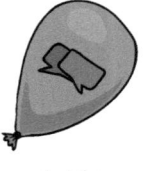

el globo

balão

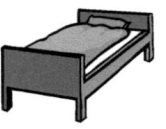

la cama

cama

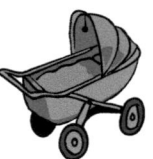

el cochecito

carrinho de bebé

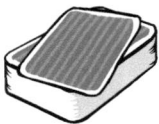

las cartas

jogo de cartas

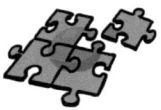

el rompecabezas

quebra-cabeças

SUPER MEGA

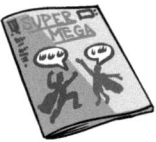

la historieta

banda desenhada

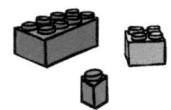

las piezas de lego

peças de Lego

los ladrillos de juguete

blocos de construção

la figura de acción

figura de ação

el enterito (de bebé)

fato de bebé

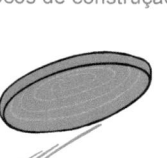

el frisbee

Frisbee

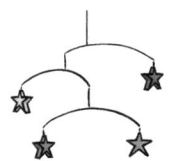

el móvil para bebés

móbile para bebé

el juego de mesa

jogo de tabuleiro

los dados

dados

el tren eléctrico

pista de comboio elétrico

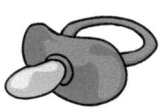

el chupete

chupeta

la fiesta

festa

el libro de cuentos ilustrado

livro ilustrado

la pelota

bola

la muñeca

boneca

jugar

jogar

el arenero

caixa de areia

la hamaca

baloiço

los juguetes

brinquedos

la consola de videojuegos

consola de jogos

el triciclo

triciclo

el osito de peluche

ursinho de peluche

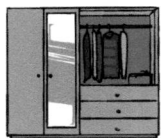

el armario

guarda-roupa

la ropa
vestuário

las medias

meias

las medias panty

meias pelo joelho

las calzas

meias-calças

la bufanda
cachecol

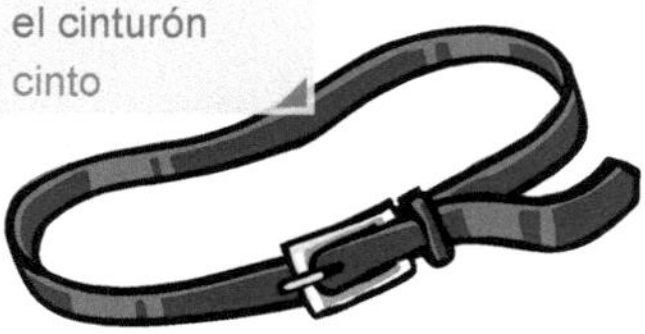

el paraguas
guarda-chuva

el cinturón
cinto

la remera
t-shirt

las zapatillas
sapatilhas

las botas
botas

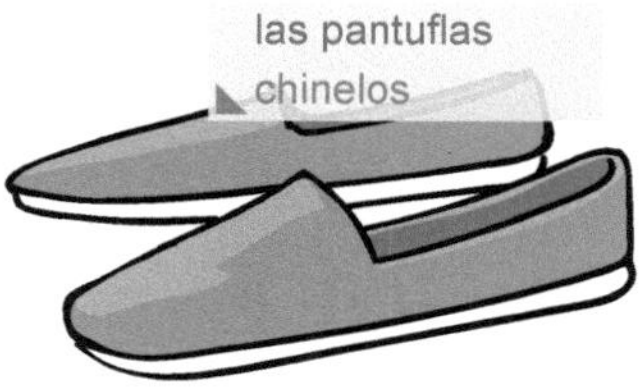

las pantuflas
chinelos

las sandalias
sandálias

los zapatos
sapatos

las botas de goma
botas de borracha

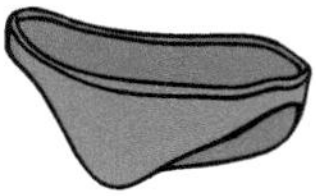

la ropa interior
cuecas

el corpiño
sutiã

el chaleco
camisola interior

el body

body

los pantalones

calças

los jeans

calças de ganga

la pollera

saia

la blusa

blusa

la camisa

camisa

el pulóver

pulôver

el buzo

camisola com capuz

el blazer

blazer

la campera

casaco

el tapado

manto

el piloto

gabardina

el traje

traje

el vestido

vestido

el vestido de novia

vestido de casamento

el traje
fato

el camisón
camisa de dormir

el pijama
pijama

el sari
sari

el pañuelo para la cabeza
lenço de cabeça

el turbante
turbante

la burka
burca

el caftán
cafetã

la abaya
abaya

el traje de baño
fato de banho

el short de baño
calções de banho

los shorts
calções

el jogging
fato de treino

el delantal
avental

los guantes
luvas

el botón

botão

los anteojos

óculos

la pulsera

pulseira

el collar

colar

el anillo

anel

el aro

brinco

la gorra

boné

la percha

cabide

el sombrero

chapéu

la corbata

gravata

el cierre

fecho de correr

el casco

capacete

los tiradores

suspensórios

el uniforme escolar

uniforme escolar

el uniforme

uniforme

la ropa - vestuário

el babero
babete

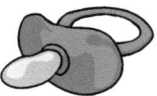

el chupete
chupeta

el pañal
fralda

la oficina
escritório

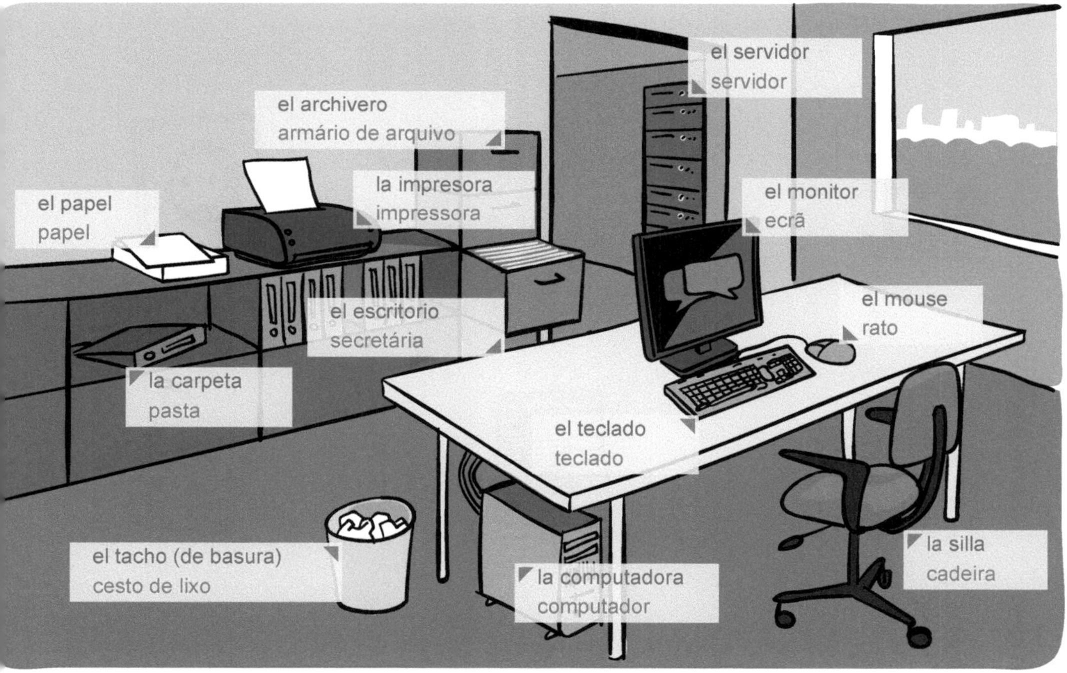

el servidor
servidor

el archivero
armário de arquivo

la impresora
impressora

el monitor
ecrã

el papel
papel

el escritorio
secretária

el mouse
rato

la carpeta
pasta

el teclado
teclado

el tacho (de basura)
cesto de lixo

la silla
cadeira

la computadora
computador

la taza de café
caneca de café

la calculadora
calculadora

el internet
internet

la laptop

computador portátil

la carta

carta

el mensaje

mensagem

el celular

telemóvel

la red

rede

la fotocopiadora

fotocopiadora

el software

software

el teléfono

telefone

el tomacorriente

tomada elétrica

el fax

fax

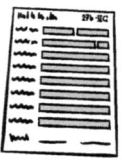

el formulario

formulário

el documento

documento

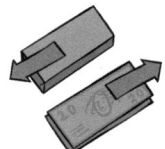

comprar

comprar

pagar

pagar

hacer negocios

negociar

el dinero

dinheiro

el dólar

dólar

el euro

euro

el yen

yen

el rublo

rublo

el franco suizo

franco suíço

el yuan

renminbi yuan

la rupia

rupia

el cajero automático

caixa de multibanco

la casa de cambio

casa de câmbio

el oro

ouro

la plata

prata

el petróleo

petróleo

la energía

energia

el precio

preço

el contrato

contrato

el impuesto

imposto

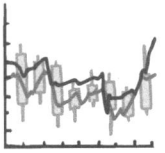

la acción

ação

trabajar

trabalhar

el empleado

empregado

el empleador

entidade patronal

la fábrica

fábrica

el negocio

loja

el policía
agente da polícia

el bombero
bombeiro

el cocinero
cozinheiro

el médico
médico

el piloto
piloto

el jardinero
jardineiro

el carpintero
carpinteiro

la modista
costureira

el juez
juiz

el farmacéutico
químico

el actor
ator

el colectivero

motorista de autocarro

el taxista

motorista de táxi

el pescador

pescador

la mucama

empregada de limpeza

el techista

telhador

el mozo

empregado de mesa

el cazador

caçador

el pintor

pintor

el panadero

padeiro

el electricista

eletricista

el albañil

construtor

el ingeniero

engenheiro

el carnicero

talhante

el plomero

canalizador

el cartero

carteiro

el soldado

soldado

el arquitecto

arquiteto

el cajero

caixa

el florista

florista

el peluquero

cabeleireiro

el cobrador

controlador de bilhetes

el mecánico

mecânico

el capitán

capitão

el dentista

dentista

el científico

cientista

el rabino

rabino

el imán

imã

el monje

monge

el sacerdote

pastor

las herramientas
ferramentas

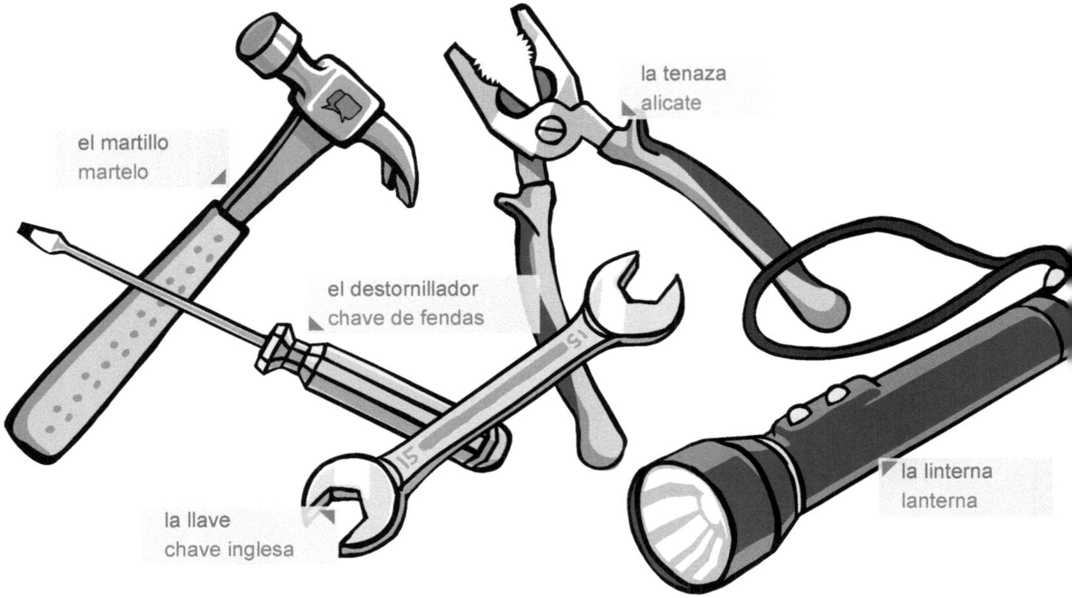

el martillo
martelo
la tenaza
alicate
el destornillador
chave de fendas
la llave
chave inglesa
la linterna
lanterna

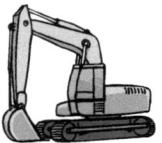

la excavadora

escavadora

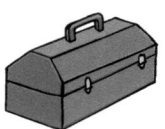

la caja de herramientas

caixa de ferramentas

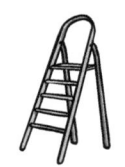

la escalera portátil

escadote

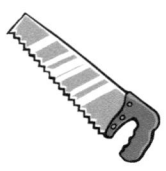

la sierra

serra

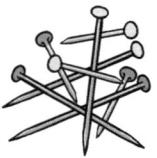

los clavos

pregos

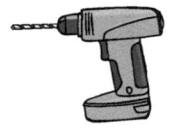

el taladro

broca

arreglar
reparar

la pala de jardín
pá

¡Qué bronca!
porcaria!

la pala de plástico
pá de lixo

el tacho de pintura
pote de tinta

los tornillos
parafusos

los instrumentos musicales
instrumentos musicais

el parlante
altifalante

la batería
bateria

la guitarra
guitarra

el contrabajo
contrabaixo

la trompeta
trompete

el piano

piano

el violín

violino

el bajo

baixo

los timbales

timbales

el tambor

tambor

el teclado

teclado

el saxofón

saxofone

la flauta

flauta

el micrófono

microfone

el zoológico
jardim zoológico

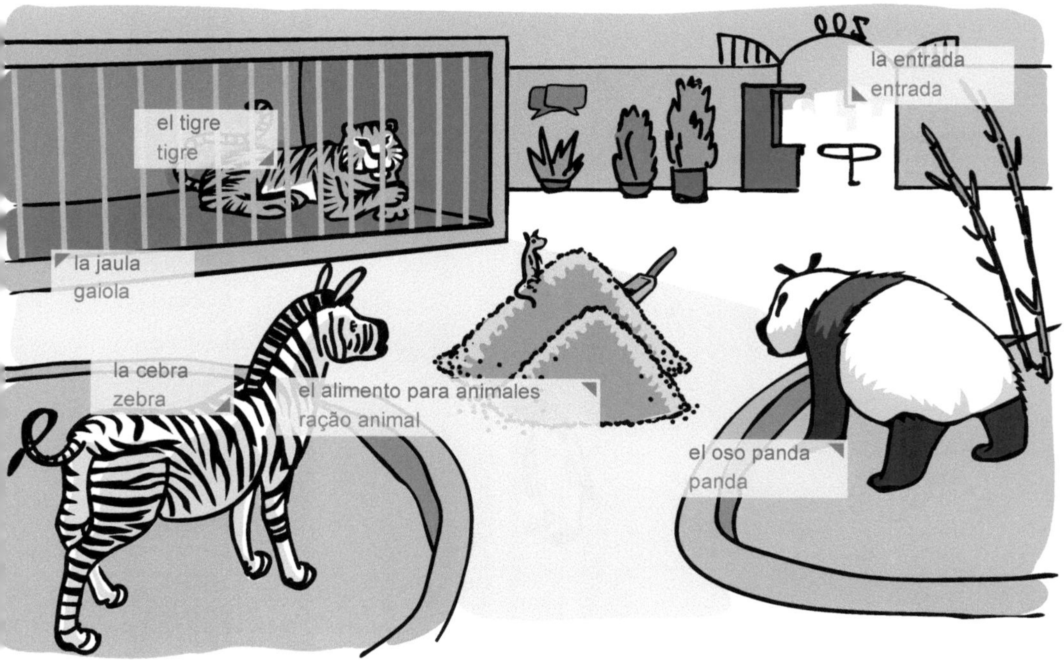

la entrada
entrada
el tigre
tigre
la jaula
gaiola
la cebra
zebra
el alimento para animales
ração animal
el oso panda
panda

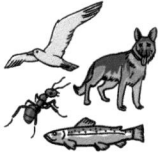

los animales

animais

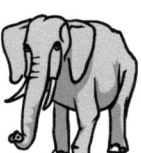

el elefante

elefante

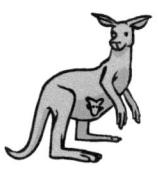

el canguro

canguru

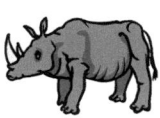

el rinoceronte

rinoceronte

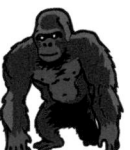

el gorila

gorila

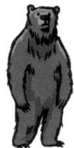

el oso

urso

el camello

camelo

el avestruz

avestruz

el león

leão

el mono

macaco

el flamenco

flamingo

el loro

papagaio

el oso polar

urso polar

el pingüino

pinguim

el tiburón

tubarão

el pavo real

pavão

la serpiente

cobra

el cocodrilo

crocodilo

el cuidador del zoológico

guarda do jardim zoológico

la foca

foca

el jaguar

jaguar

el poni

pónei

el leopardo

leopardo

el hipopótamo

hipopótamo

la jirafa

girafa

el águila

águia

el jabalí

javali

el pescado

peixe

la tortuga

tartaruga

la morsa

morsa

el zorro

raposa

la gacela

gazela

el fútbol americano
futebol americano

el ciclismo
ciclismo

el tenis
ténis

el básquet
basquetebol

la natación
natação

el boxeo
boxe

el hockey sobre hielo
hóquei no gelo

el fútbol
futebol

el bádminton
badminton

el atletismo
atletismo

el handball
andebol

el esquí
esqui

el polo
polo

las actividades
atividades

reír
rir
saltar
saltar
abrazar
abraçar
caminar
andar
cantar
cantar
soñar
sonhar
rezar
rezar
besar
beijar

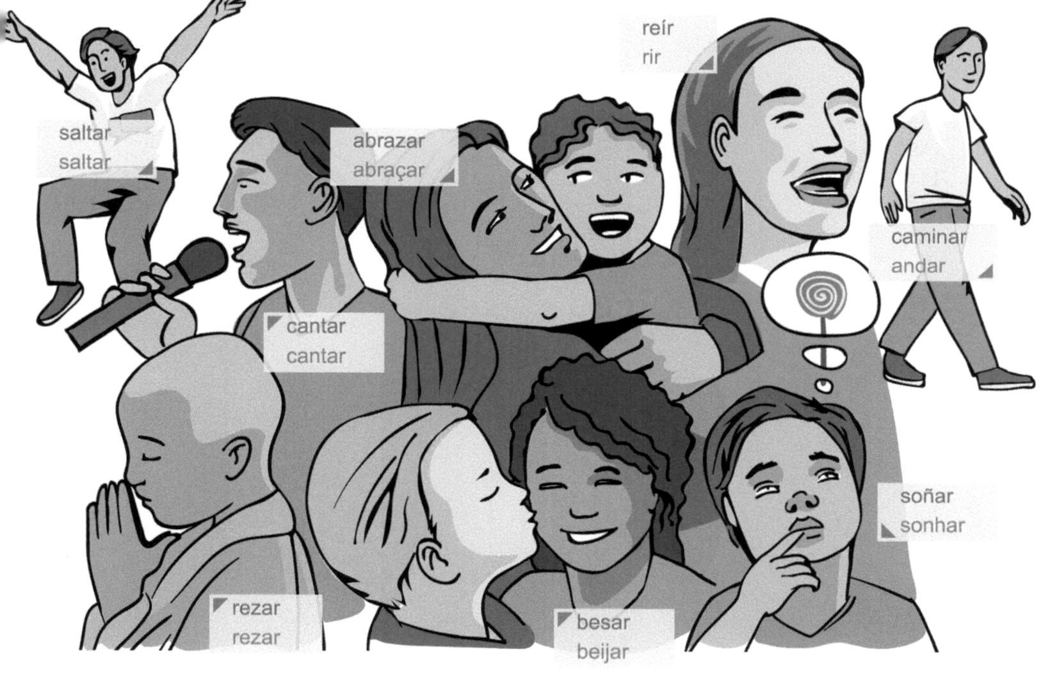

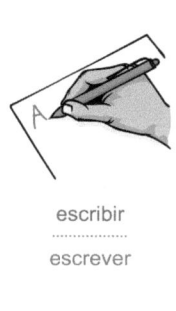

escribir

escrever

dibujar

desenhar

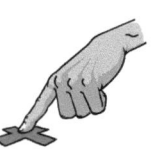

mostrar

mostrar

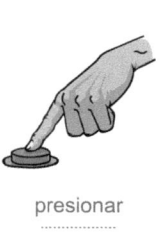

presionar

empurrar

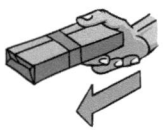

dar

dar

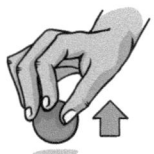

tomar

tomar

tener
ter

hacer
fazer

ser
ser

estar parado
ficar de pé

correr
correr

tirar
puxar

tirar
remessar

caer
cair

estar acostado
deitar

esperar
esperar

llevar
carregar

estar sentado
sentar

vestirse
vestir

dormir
dormir

despertar
acordar

mirar

olhar para

llorar

chorar

acariciar

acariciar

peinar

pentear

hablar

falar

entender

compreender

preguntar

perguntar

escuchar

ouvir

beber

beber

comer

comer

ordenar

arrumar

amar

amar

cocinar

cozinhar

manejar

conduzir

volar

voar

navegar

velejar

calcular

calcular

leer

ler

aprender

aprender

trabajar

trabalhar

casarse

casar

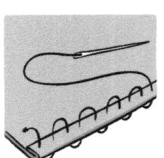

coser

costurar

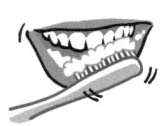

cepillarse los dientes

escovar os dentes

matar

matar

fumar

fumar

enviar

enviar

la abuela
avó

el abuelo
avô

el padre
pai

la madre
mãe

el bebé
bebé

la hija
filha

el hijo
filho

el invitado
convidado

la tía
tia

el tío
tio

el hermano
irmão

la hermana
irmã

el cuerpo
corpo

la frente
testa
el ojo
olho
el hombro
ombro
el dedo
dedo
la cara
cara
la pera
queixo
la mano
mão
la pierna
perna
el pecho
peito
el brazo
braço

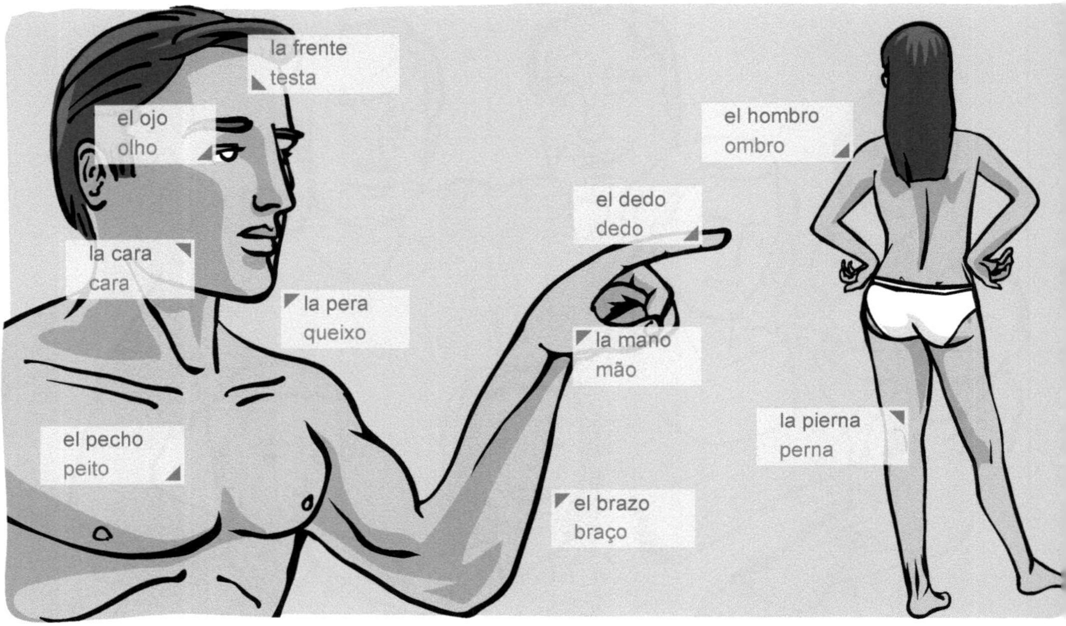

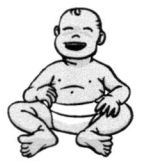

el bebé
bebé

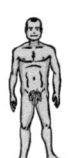

el hombre
homem

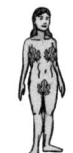

la mujer
mulher

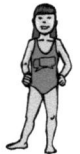

la nena
menina

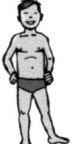

el nene
menino

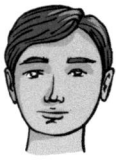

la cabeza
cabeça

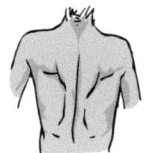

la espalda

costas

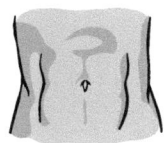

la panza

barriga

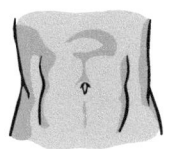

el ombligo

umbigo

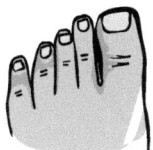

el dedo del pie

dedo do pé

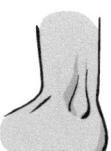

el talón

calcanhar

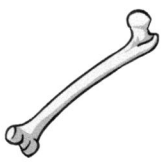

el hueso

osso

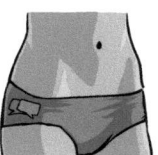

la cadera

anca

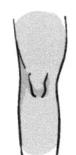

la rodilla

joelho

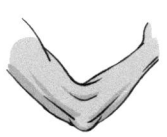

el codo

cotovelo

la nariz

nariz

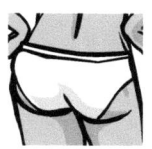

la cola

nádegas

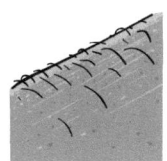

la piel

pele

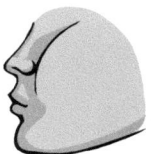

el cachete

bochecha

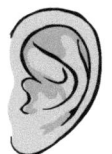

la oreja

orelha

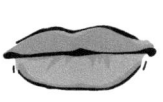

el labio

lábio

el cuerpo - corpo

la boca

boca

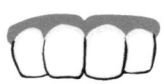

el diente

dente

la lengua

língua

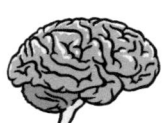

el cerebro

cérebro

el corazón

coração

el músculo

músculo

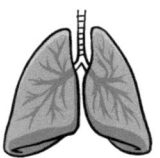

el pulmón

pulmão

el hígado

fígado

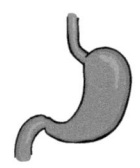

el estómago

estômago

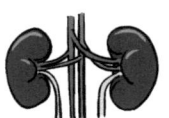

los riñones

rins

el sexo

relações sexuais

el preservativo

preservativo

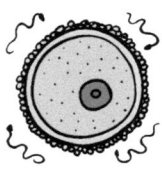

el óvulo

óvulo

el semen

esperma

el embarazo

gravidez

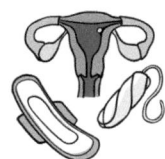

la menstruación

menstruação

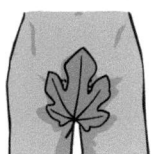

la vagina

vagina

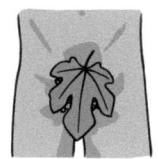

el pene

pénis

la ceja

sobrancelha

el pelo

cabelo

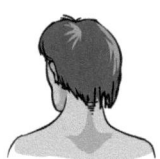

el cuello

pescoço

el hospital
hospital

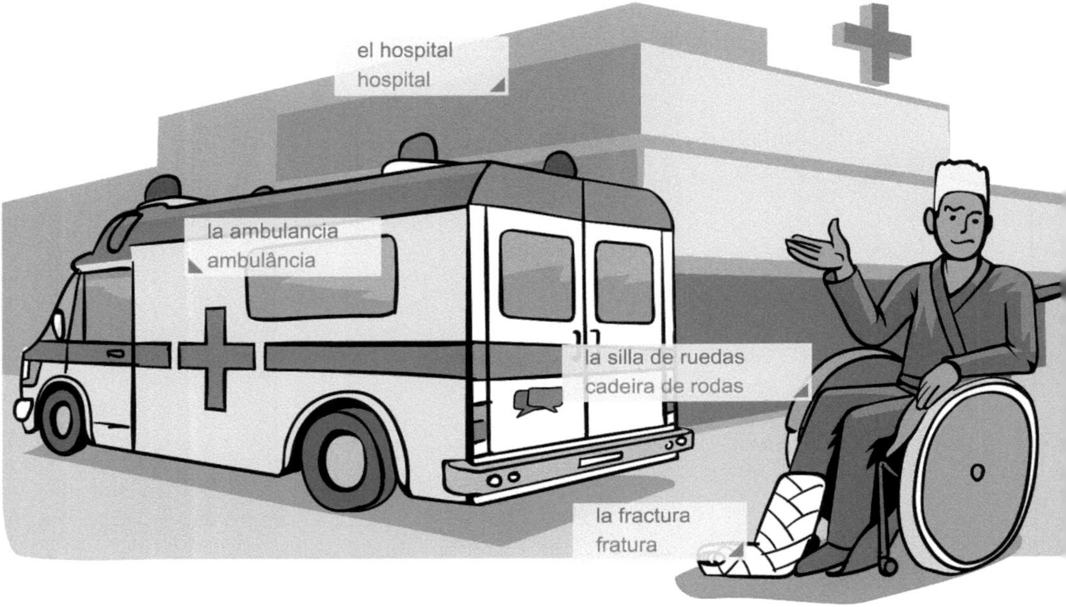

el hospital
hospital
la ambulancia
ambulância
la silla de ruedas
cadeira de rodas
la fractura
fratura

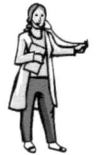

el médico

médico

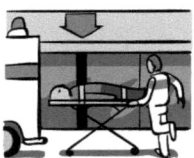

la sala de guardia

serviço de urgências

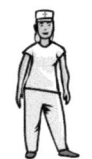

la enfermera

enfermeira

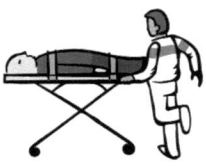

la emergencia

emergência

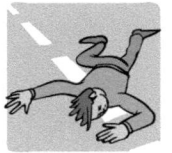

inconsciente

inconsciente

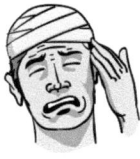

el dolor

dor

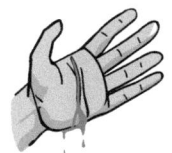

la lesión

ferimento

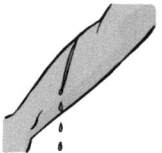

la hemorragia

hemorragia

el infarto

ataque cardíaco

el ACV

acidente vascular cerebral

la alergia

alergia

la tos

tosse

la fiebre

febre

la gripe

gripe

la diarrea

diarreia

el dolor de cabeza

dor de cabeça

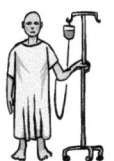

el cáncer

cancro

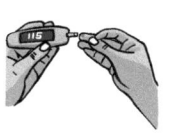

la diabetes

diabetes

el cirujano

cirurgião

el bisturí

bisturi

la operación

operação

la TC

CT

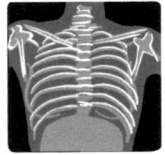

los rayos x

raio x

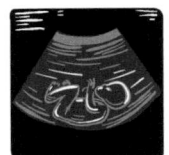

la ecografía

ultrassom

el barbijo

máscara

la enfermedad

doença

la sala de espera

sala de espera

la muleta

muleta

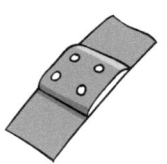

la curita

penso rápido

la venda

ligadura

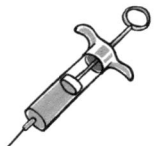

la inyección

injeção

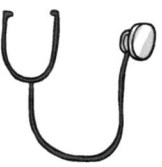

el estetoscopio

estetoscópio

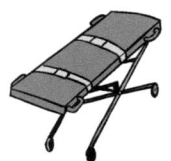

la camilla

maca

el termómetro

termómetro

el nacimiento

nascimento

el sobrepeso

excesso de peso

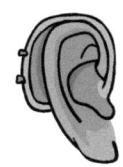

el audífono

aparelho auditivo

el desinfectante

desinfetante

la infección

infeção

el virus

vírus

el VIH / SIDA

HIV / SIDA

el remedio

medicamento

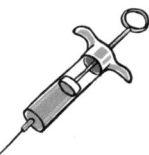

la vacunación

vacinação

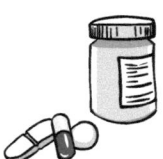

los comprimidos

comprimidos

la pastilla anticonceptiva

pílula

la llamada de emergencia

chamada de emergência

el tensiómetro

dispositivo de medição de
pressão arterial

enfermo / sano

doente / saudável

¡Ayuda!

Socorro!

la alarma

alarme

la agresión

assalto

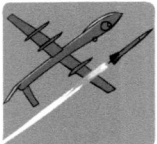

el ataque

ataque

el peligro

perigo

la salida de emergencia

saída de emergência

¡Fuego!

Fogo!

el matafuego

extintor de incêndios

el accidente

acidente

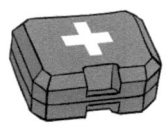

el botiquín de primeros
auxilios

estojo de primeiros socorros

el SOS

SOS

la policía

polícia

Europa

Europa

América del Norte

América do Norte

América del Sur

América do Sul

África

África

Asia

Ásia

Australia

Austrália

el Atlántico

Atlântico

el Pacífico

Pacífico

el Océano Índico

Oceano Índico

el Océano Antártico

Oceano Antártico

el Océano Ártico

Oceano Ártico

el polo norte

Polo Norte

el polo sur

Polo Sul

la Antártida

Antártica

la Tierra

terra

la tierra

país

el mar

mar

la isla

ilha

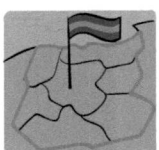

la nación

nação

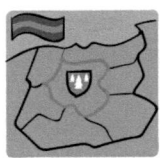

el estado

estado

la esfera

mostrador do relógio

la manecilla de las horas

ponteiro das horas

el minutero

ponteiro dos minutos

el segundero

ponteiro dos segundos

¿Qué hora es?

Que horas são?

el día

dia

la hora

tempo

ahora

agora

el reloj digital

relógio digital

el minuto

minuto

la hora

hora

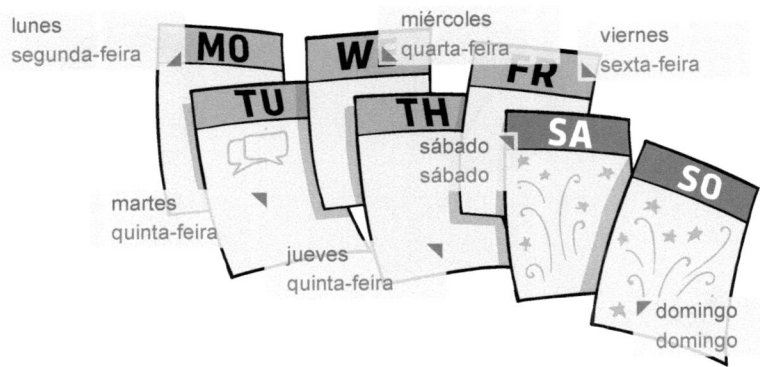

lunes
segunda-feira

martes
quinta-feira

miércoles
quarta-feira

jueves
quinta-feira

viernes
sexta-feira

sábado
sábado

domingo
domingo

ayer

ontem

hoy

hoje

mañana

amanhã

la mañana

manhã

el mediodía

meio-dia

la tarde

entardecer

los días hábiles

dias úteis

el fin de semana

fim de semana

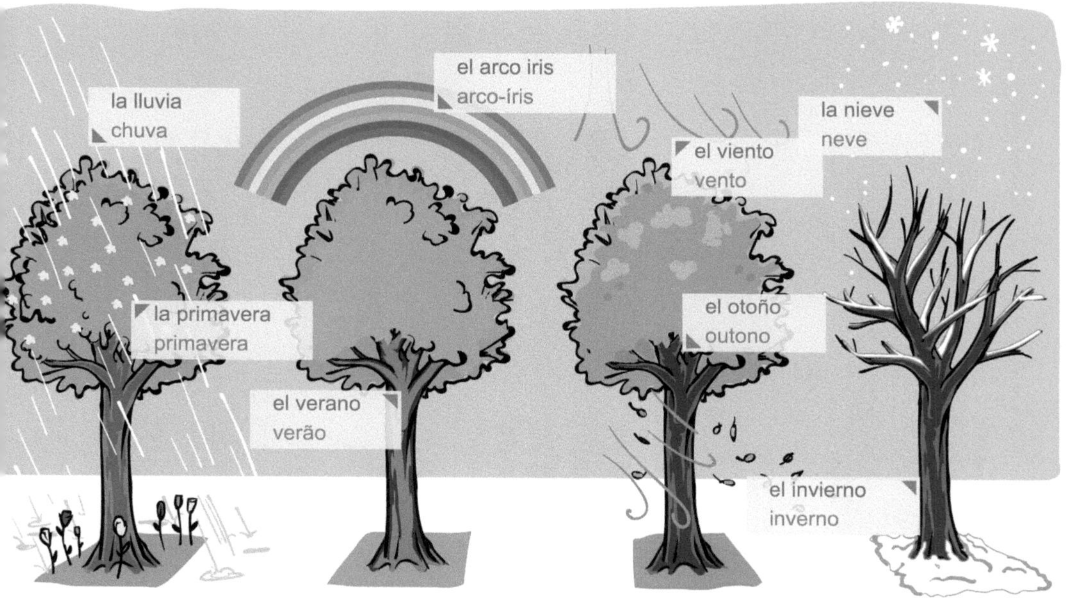

la lluvia
chuva
el arco iris
arco-íris
la nieve
neve
el viento
vento
la primavera
primavera
el otoño
outono
el verano
verão
el invierno
inverno

4.APRIL 11°
5.APRIL 4°
6.APRIL 13°
7.APRIL 8°
8.APRIL 10°

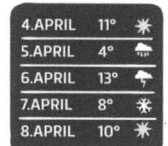

el pronóstico meteorológico

previsão do tempo

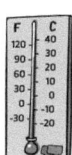

el termómetro

termómetro

la luz del sol

raios de sol

la nube

nuvem

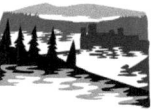

la niebla

neblina / nevoeiro

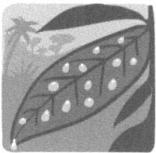

la humedad

humidade do ar

el rayo

relâmpago

el trueno

trovão

la tormenta

tempestade

el granizo

granizo

el monzón

monção

la inundación

inundação

el hielo

gelo

enero

janeiro

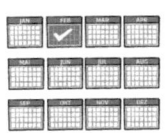

febrero

fevereiro

marzo

março

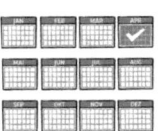

abril

abril

mayo

maio

junio

junho

julio

julho

agosto

agosto

el año - ano

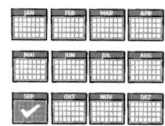

septiembre

setembro

octubre

outubro

noviembre

novembro

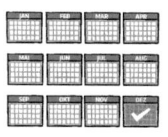

diciembre

dezembro

las formas

formas

el círculo

círculo

el cuadrado

quadrado

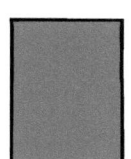

el rectángulo

retângulo

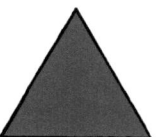

el triángulo

triângulo

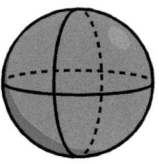

la esfera

esfera

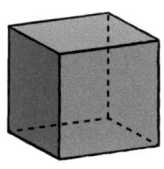

el cubo

cubo

colores
cores

blanco
....
branco

amarillo
....
amarelo

naranja
....
laranja

rosa
....
rosa

rojo
....
vermelho

violeta
....
lilás

azul
....
azul

verde
....
verde

marrón
....
castanho

gris
....
cinzento

negro
....
preto

mucho / poco

muito / pouco

enojado / tranquilo

furioso / calmo

lindo / feo

lindo / feio

el principio / el fin

princípio / fim

grande / chico

grande / pequeno

claro / oscuro

claro / escuro

el hermano / la hermana

irmão / irmã

limpio / sucio

limpo / sujo

completo / incompleto

completo / incompleto

el día / la noche

dia / noite

muerto / vivo

morto / vivo

ancho / angosto

largo / estreito

comestible / no comestible

comestível / não comestível

malo / amable

mau / gentil

entusiasmado / aburrido

entusiasmado / entediado

gordo / flaco

gordo / magro

primero / último

primeiro / último

el amigo / el enemigo

amigo / inimigo

lleno / vacío

cheio / vazio

duro / blando

duro / macio

pesado / liviano

pesado / leve

el hambre / la sed

fome / sede

enfermo / sano

doente / saudável

ilegal / legal

ilegal / legal

inteligente / estúpido

inteligente / burro

izquierda / derecha

esquerda / direita

cerca / lejos

perto / longe

nuevo / usado

novo / usado

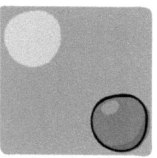

nada / algo

nada / algo

viejo / joven

velho / jovem

encendido / apagado

ligado / desligado

abierto / cerrado

aberto / fechado

silencioso / ruidoso

baixo / alto

rico / pobre

rico / pobre

correcto / incorrecto

certo / errado

áspero / suave

áspero / liso

triste / contento

triste / feliz

corto / largo

curto / longo

lento / rápido

lento / rápido

mojado / seco

molhado / seco

caliente / frío

ameno / fresco

guerra / paz

guerra / paz

números

0

cero

zero

1

uno

um

2

dos

dois

3

tres

três

4

cuatro

quatro

5

cinco

cinco

6

seis

seis

7

siete

sete

8

ocho

oito

9

nueve

nove

10

diez

dez

11

once

onze

12

doce
doze

13

trece
treze

14

catorce
catorze

15

quince
quinze

16

dieciséis
dezasseis

17

diecisiete
dezassete

18

dieciocho
dezoito

19

diecinueve
dezanove

20

veinte
vinte

100

cien
cem

1.000

mil
mil

1.000.000

el millón
milhão

el inglés

inglês

el inglés americano

inglês americano

el chino mandarín

chinês mandarim

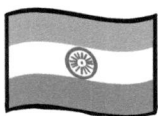

el hindi

hindi

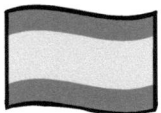

el español

espanhol

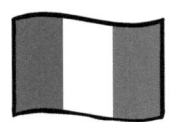

el francés

francês

el árabe

árabe

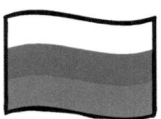

el ruso

russo

el portugués

português

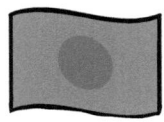

el bengalí

bengalês

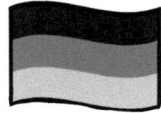

el alemán

alemão

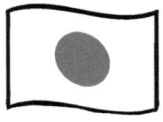

el japonés

japonês

yo

eu

vos

tu

él / ella

ele / ela

nosotros

nós

ustedes

vós

ellos

eles / elas

¿quién?

quem?

¿qué?

o quê?

¿cómo?

como?

¿dónde?

onde?

¿cuándo?

quando?

HELLO, I AM

el nombre

nome

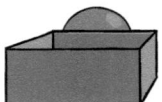

detrás
....
atrás

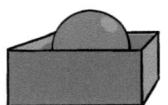

en
....
em

adelante de
....
à frente de

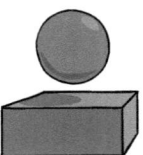

por encima de
....
sobre

sobre
....
em cima

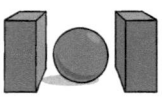

debajo de
....
debaixo

al lado de
....
ao lado

entre
....
entre

el lugar
....
lugar